JN409017

시인 이선미

칼질하는 여자

이 선 미 시집

시 와 사 람

국립중앙도서관 출판시도서목록(CIP)

칼질하는 여자 : 이선미 시집 / 지은이: 이선미. -- 광주
: 시와사람, 2016
p. ; cm. -- (시와사람 서정시선 ; 049)

ISBN 978-89-5665-461-4 03810 : ₩10000

한국 현대시[韓國現代詩]

811.7-KDC6
895.715-DDC23 CIP2016017546

칼질하는 여자

■ 시인의 말

첫 시집을 낸 지 3년 만에 낸 작품집이다.

덜컥 시집을 내고 부끄러운 마음 어찌할 줄 모르던 기억이, 또다시 엄습한다.

고향을 떠나 제주에서 사는 일이 결코 쉽지 않았지만 시는 나를 견디게 해줬다.

외롭고 쓸쓸할 때, 삶이 버겁고 답답할 때 위로해 주는 것은 오직 시만이 마음을 열어놓고 대화할 수 있는 벗이 되어주었다. 시는 生을 건너게 하는, 그래서 미래로 가는 길목에 놓인 징검다리였다.

여전히 미흡하고 부끄러운 작품들이지만 감히 세상에 내놓는다.

2016년 7월

이선미

차례

2 등 뒤가 불편하다

3 아버지의 술잔

4 칼질하는 여자

1

미운 꽃

미운 꽃

봄날 천지는 꽃사진 찍느라 분주하다
일년생 꽃들은 돌사진을 찍고
해마다 피는 꽃들은
제 생을 증거하기 위해 사진을 찍는다

그 꽃들 곁에서 꽃이 된 행락객들도
자신이 꽃임을 증거하기 위해 사진을 찍는다

카메라 앞에 서면 졸아드는 나도
다시 돌아오지 않을 한때를
사진으로 남겨두려는데
잘 웃지 않는 얼굴
무뚝뚝한 얼굴
행복한 척, 착한 척 해도
어색한 표정이다

험상궂게 피는 꽃은 없다
웃지 않는 꽃은 없다
그러나 숨길 수 없는 내가 걸어온 길

내 얼굴이 기억하고 있다

나는 아직 미운 꽃이다.

시간을 굽는 사람

발로 탁탁 물레의 발판을 칠 때는
속도를 잘 조절해야 한다
빠르거나 늦거나 엇박자일 경우
시간의 모양이 삐뚫어져 망치기 십상이어서
흥에 겨운 듯 물레를 돌려야 한다

시간은 불로 새긴 이름이어서
1300도 불길의 세례를 받아 다시 태어나는 것,
가마가 땀을 뻘뻘 흘리며 시간을 구울 때
불의 온도를 잘 조절해야 한다
성질이 급하거나 포악한 불은
시간에 금이 가고 시간의 살갗이 터지기 때문이다

불이 식으면 시간을 꺼내
잘 못 구워진 시간들을 사정없이 깨뜨려야 한다
그러나 한 번 구워진 시간은 되돌릴 수 없는 일,
잘 못 구워진 그릇처럼
금이 가거나 살갗이 터진 시간을 가져야 한다

시간은 살아있음을 드러내는 그릇,
제 생에 알맞은 시간을 구워내기 위해
누구나 가마 하나씩 갖고 있어도
나는 오랫동안 대책없이 시간을 흘러보내다가
미혹에서 눈을 떠 이제 겨우 물레를 돌리고 있다
내 발자국에 사금파리처럼 깨어진 시간들 딛고
견고한 그릇을 굽고 싶은 나는
아직은 서툰 도공, 물레질을 배우고 있다.

가는 길 멈추고

하루종일 바쁘게 살다가
바라보니 내가 보이지 않는다
주유소에서 빵빵하게 기름을 넣은 자동차처럼
탐욕의 페달을 밟고 과속질주해 온
눈 멀고 낯선 누군가만 있다
눈동자가 맑은 갈래머리
착한 소녀 보이지 않는다

참 멀리 왔다
뒤돌아보니 먼지 자욱한 길이다
아직도 갈길이 바쁜 나의 엔진은
석탄을 잡아먹은 기차의 화통처럼
숨막히게 뜨겁다

저녁 무렵 산길을 가다가
하늘을 보니 고요한 눈빛들이
나를 응시하고 있다
숲속에서 나뭇잎 팔랑거림 하나 없는
적막이 길을 멈추게 한다

하이에나처럼 사나운 마음,
별빛 아래 숲속에 엎드려
문득 하염없이 울고 싶어진다
참으로 오랜만에
내 안의 고요가 나를 일깨우는 시간이다.

노래

살아있는 것이면 노래한다
숨쉬지 못하는 것도
제 생을 증거하며 노래한다

나무는 허공에 손을 벋어 푸르름을 노래하고
바위는 침묵으로 견고한 무게를 노래한다

나의 악보는 아직 영악하지 못해
시행착오와 서투름 투성이어서
세련되지 못하다
제대로 걸음마를 배우지 못한 나의 길은
자꾸 넘어져 미완의 노래이다

신문과 텔레비전에서
누군가 성공과 출세의 노래를 부르고 있다
그 노래가 유혹하고 있다
나의 노래는 자꾸 흔들려
음정과 박자가 꼬이고 있다
그러나 알아들을 수 없는

햇빛과 바람과 강물
그리고 새들이 부르는 노래가
내 악보를 관통하고 있다

묘비

산을 오르다가
판독하기 힘든
오래된 비를 본다
숲그늘은 고요하고
하늘은 여전히 무진장 깊은데
한때 지상에서
누군가를 사랑하고 미워했던
무명의 일생이 아득하다

석공들이 애써 몇날며칠
정을 박고 망치를 두드려 새긴
견고한 비문도
비바람과 세월의 혀에 닳아질 것,
그러므로 영원히 생을 증거하지 못할 것이니
덧없는 생이여,
비 그친 대나무처럼 자라는
도시의 수많은 빌딩이여
그것들로 생을 증거하지 못할 것이다

묘비가 마모되는 시간
무덤 속의 뼈가 삭아 풀이 되는 시간,
그보다 짧은 생을 살다가
언젠가 이 숲그늘 아래 풀이 될 것이니
내 무덤에 묘비를 세우지 마라
오늘 스스로 마음 속에
부질없는 비 하나 새기느니.

벌

단 한 방에

제 목숨 내 놓고

적을 찌르는 전사

참 무모하다

내게

무모한 용기가 있었는가.

차마 별을 보지 못한다

영혼이 아름다운 사람들이 죽어
하늘의 별이 된다는 전설이 있다
스모그가 끼어 지상이 시커멓게 그을린 날은
맑은 영혼을 지닌 별들조차
마음에 먼지가 낄까봐 두 눈을 감는지
하늘이 시커멓다

언제부턴가 하늘을 보는 일이
부끄럽다
더러운 세상에서 진창길을 건너온 나는
차마 하늘의 별을 볼 수 없다
나의 더럽혀진 눈으로
별이 더러워질 것 같기 때문인데
갈수록 흐린 날이 많아지고 있어
걱정이다

며칠째 비가 내린다
별들의 눈물이
세상을 헹구는 것일게다.

한라산 산꾼

산꾼 이야기를 들은 적 있다
한라산 산신령이 되었다는,
등산객들의 입을 통해
풍문으로 떠도는 전설 같은 사람
한라산에 안개가 내려 백록담이 가려진 날
안개 속에서 보았다고 했다
누군가는, 산뽕나무에 올라
상황버섯을 따는 것을
보았다고도 했다
바람처럼, 안개처럼,
홀연히 나타나
홀연히 사라지는 그가 따는 상황버섯
죽을병에 걸린 사람도
그가 딴 상황버섯을 먹으면
병이 씻은 듯이 낫는다고 했다

언젠가 마음의 병이 깊어
한라산 산꾼을 수소문한 적이 있다
오래 전에 그를 보았을 뿐

그를 봤다는 사람은 없다
끝내 그를 만나보지 못했지만
한라산 600미터 위
산뽕나무에서 자란다는,
산꾼에게 얻은 상황버섯을 먹고
약발인지는 몰라도 병을 씻은 적이 있다
그러나 한라산의 산신령이 되었다는 사람,
한라산 산뽕나무가 되었다는 그 사람
누군가에게 약이 되는
그 사람을 기다리고 있다.

시가 되지 못한 시

나의 시는 사람을 향하지만
아무리 절창으로 사람을 바라본다 한들
그 뿌리를 만지지 못한다

사람의 뿌리는 식물 같아
어둠 속을 더듬으며
뿌리로 저를 키우고
뿌리로 가지를 먹여 살리는
나무 같은 사람의 生

버겁게 비탈을 버티고
하늘을 향해 길을 가는 그 사람들이
살아있는 절창인데
나의 시는 앵무새 같아
의미없는 노래만 부르며
사람의 뿌리를 만지지 못한다.

견고한 탐욕

기둥이 무너지고
서까래가 무너지고
집이 무너졌다

다리가 무너지고
백화점이 무너지고
세월호가 무너졌다

무너지지 않는 것은
견고한 탐욕이다.

사람이 내는 길

짐승들이 다니는 길은
풀이 자라고 나무가 무성해져서
바람이 지나가듯 흔적없는 길이지만
사람이 생겨나면서
길을 만들어 냈다
길은 목적지로 향하고
그 길 끝에는 탐욕이 도사리고 있다
또다시 사냥감을 향하는 끝나지 않는
길 위에는 피린내와 휘발유 냄새가 난다
사람이 가는 길 불모지에서
풀과 나무가 자라지 못하고
짐승들은 로드킬이 된다
무성했던 숲을 쓰러뜨리고
사람들은 끊임없이 새로운 길을 간다.

우물

깊이를 알 수 없는 심연의 늪
검푸른 이끼가 끼어 있다
소리치면 되받아치는 어둠 속에서
눈 먼 하늘이 허우적거렸다
한참을 내려간 두레박에서
차디찬 정신이 정수리에 쏟아졌다.

무모한 도전

어린 날 장터에서 보았던 대장간,
두 다리가 없는 주인은
힘줄이 불거진 팔뚝으로 풀무질하다가
벌개진 무쇠를 꺼내 망치질 했다
망치를 내칠 때마다 불꽃이 튀는데
그것을 차가운 물 속에 담궜다가
다시 담금질이다
온탕과 냉탕을 오가며 망치를 두드려
구부러지지 않고 단호하게 견디던 견고함을
밀가루 반죽처럼 다루는 대장장.
인생을 사는 것도 대장장이 같아
바위처럼 꿈쩍 않은 일도
해결해야 할 때가 있다
막막하고 묘안이 없어 머리를 싸매다가도
달걀로 바위를 깨뜨리는 일처럼
무모함이 스스로를 단련시킬 때가 있다.

한가한 날

자동차 소리, 앰브란스 소리
아파트 현장에서 쇠말뚝 박는 소리
귀가 징징거려
오늘은 머리 식힐 겸
세상에서 한 발짝 뺀 거리에 서니
새소리, 물소리, 바람소리가 들려왔다
그러자 졸음에 겨운 한가해진 마음의 귀가
세례를 받는 듯 헹궈졌다

오늘은 모처럼 쉬는 일요일
창문을 열고 밖을 바라보니
계곡에서 물 흐르는 소리가 들려왔다
바람에 나뭇잎이 흔들렸다
그때 침묵을 깨고 새 한 마리 날아와
노래를 불러줬다
지금까지 듣지 못한 소리들이었다
사람만 빼고 모두가
한가로운 것을 모른다는 것을 처음 눈치 챘다.

2

등 뒤가 불편하다

등 뒤가 불편하다

밤낚시를 할 때
걸린 놈이 베스나 불루길스여서
등 뒤 어둠 속으로 던져 버릴 때
어디선가 나타난 놈들이
내가 버린 즐거움을 잽싸게 낚아간다
한바탕 서로 물고 찢고 으르렁거리는 소리

그 소리를 기억한다
산으로 간 고양이들 소리 내지르는 숲,
마을 어른들은 산에 새가 없다고 했다
전천후 만능 무기인 발톱과 이빨로
나무에 기어 올라 새의 등을 덮친다고 했다

낚시줄에 걸려든 외래어종
어둠 속으로 획 던지려다가
뒤에서 덮칠 것 같은,
칼날처럼 곤두선 쭈뼛한 긴장,
어둠 속 등 뒤가 불편하다

깨어나는 동백

개업식 기념으로 가져왔을
동백 화분,
술집 입구에서 한겨울 견뎌내는가 싶었는데
오십 년만의 추위에 피톨이 얼어
중풍 걸린 노인의 어깨처럼
가지 몇 개 누렇게 말라버렸다

철쭉 화분 몇 개는 얼어죽고
동백화분 몇 개만
상이용사처럼 살아남아
봄볕을 쬐고 있는데
병에서 깨어나 녹두죽 먹듯
겨우 정신을 차리고 있다.

유월

가뭄 끝에 마파람이 비냄새를 몰고오자
마을 앞 무논의 모들이 바르르 떤다
그러자 누가 베어 먹었는지
조선오이 냄새가 물큰하게 번진다
날이 저물자 집집마다 외등이 켜지고
나는 서둘러 모기장을 친다
저녁 밥상 물린 뒤
한시름 놓은 마음이 단잠에 빠진다.

틈

민들레 노란꽃 무리가 핀 도로가
담벼락에 금이 가기 시작했다
오동나무 씨앗 한 톨 날아와 뿌리를 내리자
틈이 벌어지고
황사가 몰려와 먼지가 쌓이자
민들레 군단이 몰려왔다
누구도 넘보지 못할 철조망 꽂힌 씨멘트 감옥
마침내 견고한 응집을 해체하고 있다.

아프겠다

날마다

어린 열매가 떨어진다

참 아프겠다

정말 아픈 것은

튼실한 수확을 위해

제 손가락을 깨무는

나무의 마음이다.

목련꽃 잔해를 빗질하며

목련꽃이 피면
목련나무는 골목 사람들의 것이 되어
신을 경배하듯 탄성을 지른다
그러므로 목련나무는
봄날 골목에 차린 세탁소여서
황사에 더럽혀진 마음 헹구고
구겨진 마음 다리미질로 바르게 편다
때마침 태풍이 불어 꽃잎이 떨어지고
골목 구석구석에 흩어지자
아무렇지도 않게 함부로 짓밟아버려
쓰레기가 되었다
아름다운 것이 추해지는 것은 한순간
빗질을 하면서
한때 아름다웠던 것들을 기억하는 목련꽃 잔해를 보며
곱게 늙어야겠다고 생각했다.

빈 주머니

주머니에 손을 넣으면
아직 온기가 남아 있었다
허기진 밤
추운 거리를 에돌다가 주머니에 손을 넣으면
동전 한 푼 없는
외롭고 쓸쓸한 빈털터리 주머니가
싸늘하게 식어 마음이 시렵기만 했다

힘없이 걷다가도
주머니에라도 손을 넣을 수 있다는
맹목적인 희망을 가진 뒤부터
빈 주머니는 힘의 원천이었다
이제 살만한 세상이 왔지만
내 주머니는 여전히 빈털터리다
외롭고 쓸쓸하고 허기진 날들의 추억이
주머니에서 뜨겁게 만져진다.

서귀포에서 이중섭을 만나다

한국전쟁 중에
배고픈 아이들을 위해 게를 잡아오면
천진난만한 아이들은 게와 함께 놀았다
게가 아이들 사타구니에 매달려 있고
삼부자의 양식이 된 게들에게 미안했던 이중섭,
위령제를 지내기 위해
그림을 그렸다

수십 년 전 오늘, 내가 살고 있는
서귀포에 살았던 이중섭
남덕이 떠나버린 이곳에서
나는 가난하고 외로운 이중섭을 만난다
나의 삶이 외롭고 쓸쓸한 까닭이다
이중섭 미술관 가는 언덕을 오르며
그가 보았을 섶섬을 아득하게 내려본다.

김영갑 갤러리에서

성산읍 김영갑 갤러리에 간다

제주에 와 제주사람이 되어
섬의 슬픔이 솟아 굳어버린 오름을
몸에 병이 들어 쓰러질 때까지
사진을 찍은 김영갑의 눈빛을 본다

구름과 안개에 묻힌 슬픔의 봉우리들을 바라보며
바다에 갇혀 떠날 수 없었던
사람들의 눈물이 되어버린 오름에 떠오르는
아침해의 그늘을 본다

시시각각 변화하는
햇빛과 바람의 품새를 본다

어쩌다가 제주의 산하에 정이 병처럼 깊어
오름이 되어 묻힌
눈물겨운 그의 쓸쓸함을 본다

섬 곳곳에 그의 발자국과
눈이 감겨질 때 마지막으로 셔터를 눌러 각인한
그의 눈이 박힌 피사체를 본다

그가 남긴 갤러리 앞에서
사람들은 기념사진을 찍고
참새 떼처럼 어디론가로 몰려가는데

마음이 쓸쓸해 찾은 그의 갤러리에서
오랫동안 그와 눈 마주치다가
자꾸 나를 부르는 그의 목소리에 붙잡혀
마음이 참 편해져서
다 저녁 때쯤 발길을 돌린다.

과꽃

항암치료 받으러 간 그의 방안에서
빡빡 깎은 그의 사진이, 우울하게
신약을 기다리는 듯한 표정으로
나를 바라보고 있었다
베란다 화분에서는 빼빼 마른 과꽃 한 송이,
해가 지면 어둠 속에서 스러질 것 같은,
그가 기침할 때면 왈칵 토해내던
객혈처럼 시뻘겋게 겨우 토해낸
과꽃 한 송이, 우리집 정원에 옮겨와 키우는 동안
그 사람, 서너 해를 더 살다 갔는데
백 년 만의 추위를 견뎌낸 과꽃
실핏줄처럼 퍼런 힘줄 도드라져
이 곳 저 곳에 마구
그의 영혼이 피워올린 뜨거운 꽃송이들.

칠월

사람들은 장에 갔는지,
들밭에 나갔는지 보이지 않고
적막하다
마을 입구 당산나무 그늘에서
낮잠 자다 일어난 늙은 벙어리가
실실 웃으며 뭐라고 한다
말을 알아들을 수 없어
말붙이기를 포기했다

개울 건너 고샅길을 한 바퀴 돌 때
깃대 끝에서 축 처진 태극기
그 아래 마을회관도 텅 비어있다
담장 너머 마당에 녹슨 경운기와
농기구들이 널부러져 있고
하얀 햇빛이 양철지붕을 달구는데
뜨거운 기운이 확 끼치는 골목을 향해
개가 한참을 짖었다.

물 소리를 듣다

숲이 우거진 산에 들면
강물 같은 물소리가 들린다
숲에 수많은 우물이 있어
나무마다 두레박으로 물 긷는 소리이다
그 소리 엄청나게 커
시끄러운 사람의 귀에는 들리지 않지만
산에 사는 벌레들과
땅 속의 지렁이와 두더지들도
나무들이 저마다 퍼올리는
청량한 물소리를 듣는다

숲이 우거진 산에 들면
물이 팔랑거리는 소리가 들린다
바람이 불 때마다
나뭇잎이 된 샘물이 푸르게 팔랑거린다
그 팔랑거림이 하도 눈부셔
눈이 먼 사람에게는 보이지 않지만
나무에 둥지를 튼 새와
온갖 미물들

나뭇잎들이 저마다 펄럭이는
차디찬 물소리에 귀를 기울인다.

제주행

삶이 물 건너게 하여
갑판 위에 섰다
칼날 같은 파도가 으르렁대는 뱃전에서
여객선처럼 흔들리는 삶을 예감하며
나 귀양간다
지척을 분간할 수 없는 해무를 헤쳐가는 生
불안하고 예측할 수 없는 나의 미래가
자꾸 흔들린다
현해탄을 끝내 건너오지 못한 나해석이 떠오른다
제주해협에서 뒤집힌 수많은 어선들이 떠오른다
귀양가는 대역죄인들의 전마선도 떠오른다
망망대해,
어디쯤 가고 있는가
겨울 바람은 목에 칼을 겨누고
영하의 추위는 마음을 포박하는데
해무가 잔뜩 내린 제주행 카페리호가
더듬거리며 미명의 바다를 건넌다.

마음의 집

몇 년 째 제주에 살다보니
제주 사람이 다 되어가나보다
잔뜩 흐린 날 한라산이 안 보이면
마음이 불안해 어쩔줄 모르고
육지에 갔다가 돌아오면
제주 사람들이 반갑다
육지에서 며칠을 보내다보면
진분홍빛 유도화 꽃 핀 거리가 궁금하고
눈속에 매달린 노란 감귤과
오종종 쌓인 돌담이 그리워진다
나, 이제 제주에 집 한 채 짓는다
가장 외롭고 쓸쓸할 때
내 마음 송두리째 받아준 제주에
인정이 넘치는 마음의 집을 짓는다.

3

아버지의 술잔

아버지의 술잔

'아버지'라는 말, 참으로 좋다
기도할 때도
'아버지'
놀랄 일이 있을 때도
'아버지'
그 이름 불러본 지 얼마인가

바다 건너 제주에 살러갈 때
하직인사 못 드리고
일 년에 한두 번 가는 명절 때도 못가보다가
오늘 아버지를 호명한다
그 이름 속에는 슬픔이 고여 있다
눈물도 고여 있다
왈칵, 속울음을 울다가

어린 시절 끔찍히도 사랑해주시던
아버지,
밥보다 더 많이 잡아먹히신
아버지

영영 내가 삼켜버린
아버지
참으로 오랜만에
아버지 계신 불문사에 가
오늘 처음으로
아버지의 술잔이 된다.

꿈결같은

겸면 흥복 정류소 옛자리를
꿈결처럼 지나갔다
꿈에도 잘 나타나지 않던 옛집이 보이고
할아버지 할머니가
어린 계집아이와 놀고 있었다
단발머리 아이의 손에는
눈깔사탕이 쥐어져 있고
먼 데를 바라보는 눈매엔
그리움과 슬픔이 배어 있었다

할아버지와 할머니가 지키던
옛 흥복정류소가 차창 밖으로 사라져도
어린 계집아이와 할아버지 할머니가
따라오고 있었다
어느새 어른이 된 계집아이는 운전석에 앉아있고
옛집은 온데간데 없다
할아버지와 할머니도 더 이상 따라오지 않는다
잠시 꿈을 꾼 듯
꿈속에 고향을 다녀온 듯

겹면을 스쳐오는 동안
몽롱하고 꿈결 같은 날.

아버지의 병아리

초등학교 앞에서
늙수그레한 아주머니가 앉아
노란 병아리를 팔고 있었다

그 옛날 우리집 양계장의
병아리가 생각났다
병아리가 부화하면
아버지는 어린 나를 보듯
밤새 잠을 놓고 병아리를 지키셨다

나는 아버지의 병아리였다
물을 먹여주고
모이를 먹여주고
열이 나면 이마에 손을 짚어 주셨다

오늘은 어린 아들의 몸이 불덩이였다
안절부절 어쩔줄 몰라 허둥대다가
아들 곁에서 잠이 들었다
잠에서 깨어나

잠든 아들의 이마를 짚어보는 동안
아버지가 떠올랐다
노란 병아리 한 마리도 떠올랐다
학교 앞, 박스 안에서 어리둥절한 눈으로
어미를 찾는 병아리들이 떠올랐다.

선한 눈매

너무 빨리 세상을 알아버린
작은 고모
생이 늘 어긋난 것은
눈매가 선한 까닭이다
속 훤히 다 비치는 마음 때문이다
세상의 속셈을 계산하지 못한 까닭이다

오늘은 바다 건너에서 안부전화가 왔다
살만 하냐고,
힘들면 건너오라고,
밥 잘 챙겨 먹으라고,
애틋한 목소리에
선한 눈매가 묻어있다
바다 건너 육지에서 제주에까지
뜨거운 피가 내게로 흘러왔다.

심심한 날

마을 앞 신작로에
버스가 지나갈 때마다
아이들은 뿌연 먼지 이는 버스를 쫓아갔다
그 무렵 어디선가 봄날 산비둘기
해가 지도록 구구구 울어댔다
정류소 딸린 우리집,
할아버지 할머니는 정류소에서 차표를 팔고
낮잠을 자나 일어난 나는
혼자서 마당에 알 수 없는 그림을 그렸다
하루 종일 제 그림자와 놀다가
심심해지면 꽃에 붙은
하얀 나비를 쫓아다녔다
땅거미가 일고
집집마다 하얀 연기 폴폴 내며
저녁밥 지을 때
우리집에서도 인기척이 났다
그때가 제일 반가운 시간이어서
해가 기울면 오랫동안 대문만 바라보았다.

소

우리집 소는 하루 종일 풀을 뜯었다
풀 뜯는 것이 지루하면 한참 하늘을 바라보다가
다시 지루해지면
'음머' 하고 소리를 질러댔다
풀 뜯어 먹는 것이 직업인 우리집 소는
또다시 지루하면
김을 메는 광호아저씨를 바라보다가
저녁 무렵
지게바작에 가득 풀을 짊어진
광호아저씨를 따라 돌아올 때면
골목에 풍경소리가 흔들렸다
밤중에 뒷간에 가다보면
풀 먹는 것이 직업인 우리집 소는
야근을 하는지
외양간에서 여물을 씹고 있었다.

그리운 할아버지

할아버지 술 드시고 집에 돌아오신 날
들일에 지친신 할머니가 잔소리를 하면
할아버지는 대포 터지는 소리로 야단을 치셨다
외양간으로 쫓겨난 할머니가 가엾어
나는 밤새 숨죽여 울었다

그런데 나는 왜
할아버지가 그리울까
호랑이 같아도 하나뿐인 손녀에게
입안에 달디단 사탕을 넣어주시던
겸면 흥복정류소에서 차표를 팔던 할아버지,
혼자 진 짐이 버거워
외롭고 고달픈 속내를 술로 풀던
그 마음이 이제사 보이는가.

무지개

아홉 살 땐가 열 살 땐가
학교가 끝나 집으로 돌아오다가
비 갠 하늘에 무지개가 떴는데
허기진 마음에 언젠가 동네 초례상에서 본
색동옷 줄무늬 같은 무지개떡 닮았다
사람들은 무지개를 꿈꾼다고 하지만
배를 움켜쥐고 아무리 입맛 다셔도
찬란한 무지개는 떡이 아니어서
뒤돌아보다가 또 뒤돌아보다가
도망치듯 무지개를 벗어났던 유년

갠 날보다 희뿌연 스모그가 많은 요즘
오지 않는 무지개를 기다리는가
허기지는 일은 없지만
무지개를 바라보면서도 가슴이 뛰지 않았던
오지 않은 꿈을 기다리다가
새벽부터
김 무럭무럭 나는 무지개떡을 먹었는데
먹음직스럽지만 소화가 안 되는지

시큼한 트림만 하는 오늘
불편한 추억이 소화가 안 되기 때문.

봄

우리나라에서 가장 먼저 봄이 오는
제주에서 처음 맞는 봄,
봄꽃들이 지천에 피어나고
해녀들 휘파람소리 경쾌하지만
한라산 이마의 희끗희끗한 눈처럼
나는 아직도 겨울 속이다

아지랑이 가물거리는 것만이
봄은 아니다
두꺼운 외투 벗고 산뜻한 옷 갈아입는 것만이
봄은 아니다
봄은 보이는 것이 아니어서
봄은 내 마음 속에 있는 것이어서
외롭고 쓸쓸한 마음 정처없어
봄은 아득하다

오늘은 고향에서 소식이 왔다
한달음에 달려가 와락 껴안고 싶은 마음이
내 안의 그리운 정을 일깨운다

여전히 봄이 멀리 있는 까닭
내가 봄을 기다리고 있는 까닭이다.

목적지

울퉁불퉁한 시골길을 지나
고속도로에 접어든 내 차는 멈출 수가 없다
아직도 목적지는 보이지 않는데
지루한 고속도로
수많은 휴게소를 지나쳐 온 나의 차는
엔진과열이다
참으로 오랜만에 한적한 시골길에 들어
멈춰서 지나온 길을 본다
10만킬로쯤 왔나보다

때는 마침 봄날이어서
마을 뒷산에서 뻐꾹새가 나를 호명한다
그러자 내가 살았던 마을이 떠오르고
내 생의 첫 질문이 떠오른다
그때도 뻐꾹새가 울고 봄날이었다
잠시 휴식하는 동안
나의 목적지를 수정해야겠다고 생각했다
네비게이션에 새로 목적지를 입력하고
천천히 출발했다

목적지는 내 안에 있고
내 차가 휴식을 취하는 곳이 목적지임을
먼 길을 돌아 알게 되었다.

아랫집 아랫목

아랫집 아랫목,
어미새가 알을 품는 둥지였다
항시 추운 일가의 가슴을 뎁혀주는 아랫목엔
이불이 덮여있고
들에 갔다 온 아랫집 할아버지의 두 손을 녹여주었다
이불 속엔 누룩이 뜨고 술이 익고
늦게 돌아오시는 할아버지의 밥공기가 묻혀 있었다

집안 어딘가에
한 평쯤 넓은 뜨거움이 있다는 건
안식의 공간이라는 것이어서
집이 그리워 집으로 돌아오게 하는 원심력이어서
이승과 저승이 추억으로 만나는
비망록이었다.

시를 만나면

지난 해 시집을 내고
또다시 산문집을 냈지만
무슨 할 말이 많이 남아
또다시 시를 쓴다
길을 가다가 시를 만나면 반가워
시를 부둥켜 안고 혼자 웃는다
누가 보면 이상한 사람이라고 여기겠지만,
돈도 없고 벼슬에도 오르지 못한
세상에서 제일 반가운 손님은
언제나 낯설지만 애인 같은 시,
남들이 돈을 향해 머리 조아리는 동안
시를 만나 하룻밤 꼴딱 새며
은밀한 사랑을 나눈다.

고향의 봄날

마음이 심란하여 고향집에 갔었네
개구리떼 울어쌓는 깊어가는 봄밤인데
지붕에 떨어지고 흘러가는 감꽃지는 소리

잠이 안와 마당에 홀로 나가 바라보니
하늘에서 가슴으로 선을 긋는 별똥별
아득한 내 유년의 봄날이 떠오르네

모두가 떠나버린 고향집
세상 시름 잊으려 오랜만에 찾았지만
가슴속에 아프게 감꽃만 떨어지네

아무도 없는 방

하루 종일 사람을 만나
밥을 먹고 노래를 부르다가
늦은 저녁 집에 돌아오면
허허벌판에서 비를 맞는
누군가가 보인다
마치 허수아비 같아 보이는 그는
아무것도 없는 가슴에 찬바람이 지나가고
절벽 끝에 서서
소리쳐도 메아리조차 없다
바다 건너 피붙이들이 그립고
불현 듯 유년의 고향마을이
오래된 흑백필름처럼 나타난다
꾸짖어주거나 싸울 누군가도 없어
어둠으로 가득한 빈 방에서
다시금 왜 사느냐고 스스로에게 되묻다가
방바닥에 주저앉는다
그의 모습이 딱해 보였는지
창밖에 찬비 내리는 소리가
밤새 말을 걸어온다.

열 살 무렵의 그 계집애

이른 아침이면
북에서 넘어오는 기러기 떼
저녁 무렵이면
사람人자 그리며
뒷산을 넘는 기러기들
어디로 가나.

아직 단발머리 계집애이던
열 살 무렵
기러기 떼 날아가는
산너머엔 어떤 세상이 있나
그것이 궁금해
호기심이 구름처럼 일었다

철들고 어른이 되어
기러기 떼가 넘나들던 세상
하나도 궁금하지 않지만
아침 저녁으로 산 너머 오가던
기러기 떼의 행방과

그것을 궁금해 하던
열 살 무렵의 그 계집애가 그립다.

언니들

학교 앞 점방에서
한 무리의 참새 떼처럼 조잘대며 나와
가시내들이 손잡고
바람부는 언덕으로 날아갔다
언니들,
단발머리 요조숙녀인 나는
새침떼며 그 무리에 휩쓸려
포롱포롱 날아갔다

학교가는 일이 즐거워
아직 빈 운동장인
아무도 오지 않은 학교에 제일 먼저 도착했다
당번도 도착하지 않은
잠겨진 교실 문 앞에서
그 시절 쉽게 신지 못하는
예쁜 운동화 두 짝을 들고 서성이면
우리 동네 그 언니들
어느샌가 나타나
복도에서 한참을 떠들다 갔다

성적은 오르지 않아도
드센 성질머리들 쌈닭같아서
제 동생처럼 여기며 아껴준
언니들을 철딱서니 없이 따라다녔다
그 언니들
이제 어디서 늙어가나.

에돌아 갔다

밭둑을 가다가
수많은 뱀들이 얽혀 꿈틀거리는 것을 보았다
능구렁이였는지 꽃뱀인지는 몰라도
뱀들의 길다란 허리에 코팅한 듯
봄빛에 해살거렸다
어린 마음에 징그럽고 두려워
그 길을 피해 에돌아갔다

다음 날 밭둑 가까이 가
뱀들이 우글거리는지 살펴보았지만
뱀들은 자취를 감췄다
할머니가 밭일을 하고 계시는 밭에 갈 때마다
그 징그러운 모습이 떠올라
그날 이후 에돌아 다른 길로 갔다

들길을 지날 때면 개구리가 튀어나와도
시냇가 물고기가 우글거려도
길바닥에 개미 떼가 우글거려도
놀랜 가슴은

에돌아갔다
어린 날 할머니께 가는 길은 아득했다.

발자국과 그림자

발걸음을 뗄 때마다
나를 따라오는 누군가의 발자국 소리,
무섬증에 달음질 치면
누군가도 재빨리 쫓아왔다
뒤돌아보면 보이지 않는 누군가는
그림자 길게 드리우기도 하고
때로는 앞장서서 길을 갔다

6·25 때 사람들이 많이 죽었다는
당산나무 아래를 지날 때면
수많은 나뭇가지 그림자가 나를 덮치고
발버둥치는 나의 뒤를 쫓아오는
누군가의 발자국 소리 어지러웠다
식은 땀 범벅이 되어
집에 돌아오면
발자국도 그림자도
대문 앞까지만 쫓아왔다

지금 생각하면 무섬증은

내 안에서 생겨난 것이지만
여전히 내 발자국과 그림자에 놀라는 것은
모르는 내가 무섭기 때문이다.

4

칼질하는 여자

칼질하는 여자

탁자 두 개 뿐인
코딱지만한 칼국수집 주방에서
무료하게 책을 읽다가
점심 때가 다가오면
둥글고 평평하게 밀어진 밀가루 반죽을
삿대질 한 번 해본 적 없는 여자가
칼질을 한다

이차돈처럼 하얀 피 흘리고 쓰러진 면발을
팔팔 끓는 물에 넣고
뚝딱 칼국수를 삶아낸다

칼에 베인 상처로
따끈하고 쫄깃한
담백한 맛을 낸 칼국수

뻘뻘 땀 흘리면서도
칼질하는 것이 즐거운
칼질 9단의 검객이

허기진 사람들의 저녁 한 끼를 위해
쉴새없이 밀가루반죽을 쓰러뜨린다.

나를 바라보는 것들을 위해

앞만 볼 줄 아는 나는
내 모습 다 보지 못한다
가슴에서 발끝까지만 볼 수 있을 뿐
눈 앞의 코와 입술, 그리고 뒤를 보지 못한다
그러면서도 빗으로 머리칼을 빗고 무스를 바르고
화장품을 바르는 것은
내가 단 한 번도 보지못한 내 얼굴을
사람들이 바라봐주기 때문이다

고약하다고 말했다
착하다고도 말했다
또 누군가는 참 멋지다고도 말했다

거울 앞에 섰다
하필 깨어진 거울이었다
거울은 정직하지만
오른쪽 귀를 왼쪽 귀로 보여주고
왼쪽 눈을 오른쪽 눈으로 보여줄 뿐,
거울 속의 나는 진짜 내가 아니어서

만지지 못한다

나를 봐주는 것들은
정직한 나무와 꽃과 새와 바람과 햇빛들인데
나는 그들을 위해 화장을 하고
천천히 그들의 얼굴과 등을 만져준다.

사이코패스

조심하세요
숲 속에 밤새 웅크리며 먹이를 노리는
짐승이 있어요

세상이 내친 늑대,
경쟁에서 밀려난 멧돼지가
불쑥, 옆구리에 비수를 내미는 사이코 패스가
나타날지 몰라요
특히 숲길을 조심하세요
화장실도 위험합니다
길거리도 안전하지 못합니다
어느 누구도 지켜주지 못합니다

실은, 늑대나 하이에나는
처음에는 착한 사람들이었습니다
먹이가 부족하고 따돌림을 당하면서
머리가 돌아버려
날카로운 이빨과 사나운 발톱을 가지게 되었지요
당신도 조심하세요

화장실에 끌려갈 수가 있습니다
경찰과 국가가 보호해 주지 않습니다
짐승이 될 수 있습니다.

성인식

아마존 어느 부족의 열 살 소년은
끔찍한 고통의 두려움 앞에서
오히려 천진난만이다
전사들이라면 누구나 그랬듯이
총알개미장갑에 손을 넣고
십 분을 견뎌야 한다
독침의 고통이 총 맞은 것 같다는
총알개미장갑에 손을 넣고
수백 마리의 총알개미가 찌르는 독침이 손을 쏘아대자
이를 악물고 참아낸다
십분은 시계로 측정할 수 없는 긴 시간
숲과 인간이 하나가 되는 시간
소년이 전사가 되는 시간
독이 손등을 타고 뇌의 정수리까지
스멀스멀 퍼져 오르는 극한에서
소년은 물었던 입술을 열고
가느다랗게 신음을 내뱉는다
마침내 십 분이 지나면
극한의 고통은 희열이 되어

숲을 바라보는 부드러운 눈을 얻고
숲의 정령과 내통하게 된다.

폭력

하늘에서 심한 욕을 해댄다

푸른 생명 보이지 않는 저주의 땅
가도가도 끝없는 불타는 사막
정신이 혼미해져 눈앞에 신기루가 나타나고
낙타마저 뜨거운 땅에 무릎을 꿇는다

지상을 쓸어버리겠다는 듯
구약시대 노아의 홍수처럼
연일 비가 내려 사태지고
살아있는 것들의 주리를 틀고 있다

일주일째 내리는 눈
길 잃은 산짐승들 토굴 안에서 꼼짝 않고
하염없이 내리는 눈을 바라보는 산중
지상의 지도가 지워지고 있다

만년 동안 해온 하늘의 욕
폭우와 가뭄과 대설주의보가 지나간

헐벗은 땅에서
하늘의 욕으로 빚어낸 치명적으로 아름다운
한 떨기 꽃
그 빛이 폭력적이다.

전쟁

아직 수확하기는 일러
사과가 익기를 바라는 어중간할 때
불량한 청년들처럼
시커멓고 고약하게 생겨먹은 새 떼들이 쳐들어온다
새 떼를 점령군으로 생각한 사람들이
허수아비를 뽑아낸 지 오래여서
새 떼들이 지나가고 나면 남아나는 것이 없다
사람들이 들판에 나타나
막대기를 휘두르며 소리치지만
새 떼들은 가소롭다는 듯이
맛있게 식사를 한다
인간과 새들의 사투는
산을 허물고 전답을 늘려가면서 시작된 것이어서
쉽게 끝날 전쟁이 아니다
한적한 시골 들녘을 지날 때면
펑펑 쏘아대는 대포소리가 들리고
치열한 전쟁이 한창이다.

막다른 길

한때는 흥했던 쇠락한 시장
노인 하나, 집 앞 오래된 의자에 앉아있다

비 새지 말라고 지붕에 덮은 포장 위에
더 이상 길 가지 못하는 폐타이어
아무렇게 던져져 있는데
사방팔방으로 질주하던 길들
좁은 골목으로 몰아가다가
막다른 길 끝

노인의 내장을 모두 보여주는 듯
보잘 것 없는 집, 열린 문이
지나온 모든 길들을 거둬들이고 있다.

어떤 영혼

하루종일 방바닥에 누워
천정만 바라보는 것이
유일하게 할 수 있는 일이어서
살 썩는 냄새 나는 방 천정에 붙은
파리를 세는 것이 어쩔 수 없는 즐거움이라는
죽지 못해 살아가던 사람을 기억한다
한때는 집안의 희망이어서 자랑이었던 사람
육신이 무너지고 정신마저 쓰러진 사람
창밖에서 꽃이 피고 계절이 가는지도 몰랐던 사람
그러나 가난때문에 일어서지 못한 사람
무덤이 되어서야 바람소리를 듣고
가끔 새들이 날아와 울어주고 가는
밭 가운데 덩그마니 누워있는
참으로 가엾은 사람
이름을 알지 못하지만
삶과 죽음을 생각할 때마다
불행했던 한 영혼이 떠오른다.

복면을 쓴 나라

텔레비전에서
복면을 쓴 가수들이 노래를 한다
끝까지 복면을 벗지 않은 사람은
가장 노래를 잘 부르는 사람,

갈수록 대기가 나빠져
마스크를 하고 복면을 한 사람들이
엇둘엇둘, 운동을 한다

그런데 복면을 한 사람들을
법으로 처벌하겠다고 한다

이제 '복면가왕'을 끄자
미세먼지를 많이 마시자

슬픈 사월에

아이들은 제주에 수학여행을 간다고 했다
끝내 제주에 닿지 못한 아이들
자주 제주와 육지를 오가며
그 푸른 바다를 바라보며
아직도 차디찬 물 속에 있는 아이들이 떠오른다
제주에 살면서
자꾸 삶이 아파오는데
무엇이 보고 싶어 제주에 가고 싶었을까
그때가 사월이었지
노랗게 핀 유채꽃밭이 보고 싶었을까

또다시 사월,
아이들이 끝내 닿지 못한 제주에서
육지를 건너기 위해
그 바다 위를 지나며
유채밭을 지나
바다 건너 육지로 날아가는
노란 나비 떼의 환영을 본다
겨울이 지나 봄이 왔는데

팽목항 난간에서
지난 겨울을 지낸
날지 못하는 노란 나비 떼의
날갯짓 소리를 듣는다.

생활정보지

도로가 신문 가판대에서
남루한 할머니가 생활정보지를 집어간다
저 나이에 새로 집을 장만하려는 것일까
어디 들어가 일할 자리라도 알아보려는 것일까
한참을 걸어서 약국에 들어가는데
어디 몸이 편찮아 약이라도 사려는 것일까
약국 구석 신문 가판대에서
이번에도 생활정보지를 집어간다
약병들을 모아 작은 손수레에 담는다
누군가에게는 집장만의 기회가 되고
누군가에게는 취업이 되고,
까막눈 할머니에게는 약값이 되는
생활정보지
할머니, 힘이 부치는지
가다가 앉아 쉬기를 반복하며
작은 수레 털털 거리며
생활정보지를 찾아간다.

바닷가에서

비 오는 날,
서귀포 앞바다에 나가 바다를 본다
빗방울들 가미가제 전투기처럼
바닷물에 곤두박질친다
바람부는 바다는 사나워져
으르렁거리며 바위에 머리를 짓뭉갠다
승산없는 싸움인 줄 알면서도
지칠줄 모르는 무모한 빗방울과
맞받아치며 분노를 풀어보는 바다의 싸움
저녁 무렵에서야 끝난 싸움
이윽고 내 가슴에 태풍 멎고
며칠째 으르렁거리던 가슴의 파도 잔잔해진다.

홍어

고약한 사람들이
전라도 사람을 '홍어'라고 불렀다
사람들이 분노했지만
생각해보니 참 고마운 말이다

예부터 흑산도 홍어가 유명했다
죄가 깊은 사람을 귀양보낸 유배지
정약전이 귀양 와 '자산어보'에
어종을 집대성한 흑산도,
그 흑산도 홍어를 전라도 사람이 닮았다는 뜻일까
밤에 눈 요강의 오줌을
호박구덩이에 거름으로 사용하기도 했다는데
이 세상 모든 동물들이 배설하는 오줌을
오직 홍어만 누지 않고 끝끝내 참아
제 몸에 거름이 되게 한다는 어종,
막힌 코를 뚫어주는
그 기막힌 맛을 가진 홍어,
전라도 사람을 홍어라고 불러주는
그 고약한 사람이 고맙다.

한쪽으로 기운 우산

갑자기 소나기가 내리는데
두 사람이 빗속을 가고 있다
가만히 보니
조금 키가 큰 여자 어깨가 우산 밖으로 나와
후줄근하게 비에 젖고 있다
그것을 모르는 여자 아이는
여자의 품 속으로 파고드는 듯
어린 짐승처럼 붙어 있다
비는 내리는데,
두 모녀가 빗속의 길을 가고 있는데,
세상의 모든 어미는
한쪽으로 우산을 기울여 쓰고 간다
느닷없이 내리는
세상의 온갖 비를 혼자 맞고 간다.

매운 맛

어떤 젊은 여자는
매운 맛 먹기 대회에서 1등을 했는데
'작은 고추가 맵다'는 우리나라 속담 때문일까
끈질길 모성성 때문일지도 모른다

그런데 요즘 사람들은
갈수록 매운 맛을 좋아하는 것 같다
음식점에서 순한 맛 찾기가 힘들다
세상이 갈수록 각박해져서,
특히 젊은이들이 매운 맛을 더 좋아하는 것 같다
취업이 잘 안 되고
살기가 팍팍해져
인심이 사나워지기 때문인지도 모른다

생각해보니
사나운 세상 인심과는 상관없이
나 역시 매운 맛을 좋아하는 것 같다
음식이 맺지 않으면 간이 안 맞은 듯
싱겁다

내가 사나워지고 있는 것은 아닐까
독한 술을 마셔야 직성이 풀리고
누군가에 대한 적개심과 분노가
청양고추 같은 지독한 성질머리를
만드는 것이지만,
여전히 내 식탁에는 매운 고추가 오르고 있다.

섶섬

구렁이 한 마리
서귀포 앞바다에 누워있다
용이 되고자 하는 마음이야
부질없고 헛된 꿈이어서
하늘에 오르려 했던 죄
둥그렇게 또아리 틀고
이제는 숲을 기르고 있을 따름이다
만년 동안 파도에 마음을 씻어
바다에 감옥 하나 짓고 들앉아
스스로를 유폐시킨 즐거움으로
섬이 되었다

|해설|

고향정서와 실존극복의 의지

–이선미 시집 『칼질하는 여자』를 중심으로

강 경 호
(시인, 문학평론가)

1.

이선미 시인은 《시와사람》에 등단한 후 첫 시집 『아버지, 거기 계셨군요』를 펴냈다. 첫 시집에서는 그는 주로 가족사와 관련된 시편들을 통해 연민과 그리움의 정서를 드러냈다. 더불어 실존의 현장에서 자신의 존재 및 정체성을 확인하는 세계를 드러내며 존재에 대한 사색을 모색하는 작품들을 보여주었다.

3년만에 펴낸 두 번째 시집 『칼질하는 여자』 역시 첫 시집의 연장선상에 있다. 시인의 가족사와 고향에 대한 기억들을 반추하고 자기성찰과 존재를 규명하는 작품들이 이어지고 있기 때문이다. 그러면서도 이번 시집에서는 새롭게 생명성 탐구와 우리 사회의 그늘을 비판적인 시각으로 조명하고 있어 첫 시집보다 시의 영역이 확장되었음을 보여주고 있다. 또한 이번 시집에서는 자신이 살고 있는 제주도라는 특정공간 속에 놓인 시인 자신의 삶을 외로움과 더불어 보다 깊은 사색을 통해 자신이 처해 있는 실존의 문제를 드러내고 있어 눈길을 끈다.

2.

이선미 시인의 작품에서 유독 많이 등장하는 인물은 '아버지'이다. 흔히 사람들은 '어머니'에 대한 연민과 희생성, 그리고 그리움을 많이 토로하지만 이선미 시인은 '아버지'라는 존재에 대해 각별한 생각을 가지고 있다. 이는 시인의 삶에 '아버지'가 깊숙히 개입되어 정서적 자양분을 제공하며 그의 삶에 많은 영향을 끼쳤기 때문인데, 그의 작품속에 등장하는 아버지는 언제나 연민과 그리움의 대상으로 나타난다.

> '아버지'라는 말, 참으로 좋다
> 기도할 때도
> '아버지'
> 놀랄 일이 있을 때도
> '아버지'
> 그 이름 불러본 지 얼마인가
>
> 바다 건너 제주에 살러갈 때

하직인사 못 드리고
일 년에 한두 번 가는 명절 때도 못가보다가
오늘 아버지를 호명한다
그 이름 속에는 슬픔이 고여 있다
눈물도 고여 있다
왈칵, 속울음을 울다가

어린 시절 끔찍히도 사랑해주시던
아버지,
밥보다 더 많이 잡아먹히신
아버지
영영 내가 삼켜버린
아버지
참으로 오랜만에
아버지 계신 불문사에 가
오늘 처음으로
아버지의 술잔이 된다.

—「아버지의 술잔」 전문

화자는 "'아버지'라는 말, 참으로 좋다"고 고백한다. 아버지에 대한 자신의 감정을 내포하고 있기 때문이다. 화자의 아버지는 이 세상 사람이 아니다. '불문사'라는 절에 모셔져 있다. 그런데 "그 이름 불러본 지 얼마인가"라고 진술하는 것에서 짐작할 수 있듯이 '아버지'라고 불러본 것이 오래되었다는 것이다. "바다 건너 제주에 살러 갈 때/하직인사 못 드리고" "명절 때도 못가보다가/오늘

아버지를 호명"하는 것이다. 그런 까닭에 "왈칵, 속울음을 울다가" 아버지에 대한 그리움을 터뜨린다. "어린 시절 끔찍히도 사랑해주시던/아버지,"는 "밥보다 더 많이 잡아먹히신/아버지"이다. 우리가 생명을 유지하기 위해 날마다 먹는 밥보다 더 많이 밥이 되어주신 아버지는 딸에 대한 사랑이 지극하여 "영영 내가 삼켜버린/아버지"여서 오직 딸을 위해 헌신적이었던 분이 분명하다. 아버지 살아생전에는 아버지의 그늘에서 살았던 딸은 "오늘 처음으로/아버지의 술잔이 된다." 오랜만에 아버지가 계신 불문사에 가 아버지 영전에 그리움과 회환에 젖어있는 화자가 술잔을 올리는 것이다.

첫 시집에서도 등장했던 할아버지와 할머니도 두 번째 시집에서도 여전히 나타난다. 이는 시인의 마음 속 가장자리에 그들의 존재가 커다란 그리움으로 자리잡고 있기 때문이다.

> 겸면 흥복 정류소 옛자리를
> 꿈결처럼 지나갔다
> 꿈에도 잘 나타나지 않던 옛집이 보이고
> 할아버지 할머니가
> 어린 계집아이와 놀고 있었다
> 단발머리 아이의 손에는
> 눈깔사탕이 쥐어져 있고
> 먼 데를 바라보는 눈매엔

그리움과 슬픔이 배어 있었다

할아버지와 할머니가 지키던
옛 흥복정류소가 차창 밖으로 사라져도
어린 계집아이와 할아버지 할머니가
따라오고 있었다
어느새 어른이 된 계집아이는 운전석에 앉아있고
옛집은 온데간데 없다
할아버지와 할머니도 더 이상 따라오지 않는다
잠시 꿈을 꾼 듯
꿈속에 고향을 다녀온 듯
겸면을 스쳐오는 동안
몽롱하고 꿈결 같은 날.

—「꿈결같은」 전문

화자는 오랜만에 고향마을 앞을 스치듯 지나갔나보다. "꿈에도 잘 나타나지 않던 옛집이 보이고/할아버지 할머니가/어린 계집아이와 놀고 있었다" 화자가 실제로 옛집을 보았기 때문은 아닐 것이다. 고향마을을 지나다가 옛날 생각이 나서 어린 시절의 옛집이 보이고 화자 자신과 함께 놀아줬던 할아버지 할머니가 자연스럽게 떠올랐을 것이다. "단발머리 아이의 손에는/눈깔사탕이 쥐어져 있고/먼 데를 바라보는 눈매엔/그리움과 슬픔이 배어 있었다" '단발머리 아이'와 '어린 계집아이'는 어린 시절의 화자로 형제 없이 혼자서 보낸 어린 시절을 회상하고 있다. 자동차를 타고 우연히 지나가게 된 고향마을 "옛 흥복정류소가 차창 밖으로 사라져도/어린 계집아이와 할아버지 할머니가/따라오고 있었"던 것 역시 화자의 생각 속에서의 일이다. 고향마을이 보이지 않자 고향집과 "할아버지와 할머니도 더 이상 따라오지 않는다" 마치 "잠시 꿈을 꾼 듯/꿈속에 고향을 다녀온 듯/겸면을 스쳐오는 동안/몽롱하고 꿈결 같은 날." 을 체험한 시편에서 짐작할 수 있듯이 이선미 시인에게 고향과 할아버지 할머니는 꿈 속에서도 잊지 못할 마음 속 가장 깊은 곳에 자리잡은 연민과 그리움의 대상이 되어 있다.

이선미 시인의 고향 시편에서는 이번 시집에서도 '작은 고모'가 등장한다. 제주에서 살고 있는 조카에게 전화하여 안부를 묻는 작은 고모가 "살만 하냐고,/힘들면 건너오라고,/밥 잘 챙겨 먹으라고,"(「선한 눈매」) 묻는 자상함이 마치 친부모 같다. 「심심한 날」에서는 혼자 집에서 놀고 있는 화자의 어린 시절이 보이고, 「소」에서는 집에서 아침 저녁으로 하늘을 오가던 기러기를 바라보며 넓은 세상을 동경하는 어린 소녀의 꿈이 채색되어 있다. 이밖에도 이선미 시인의 고향을 그리워하는 시편에서는 그리움의 정서가 추억이라는 기억을 토로하며 때로는 사무치게 때로는 속울음으로 나타나고 있다.

3.

이선미 시인은 고향 가까운 광주에서 오랫동안 살다가 제주도 서귀포에서 살게 된다. 그러므로 그의 첫 시집과 두 번째 시집에 등장하는 시편들은 모두 타향인 서귀포에서 쓴 작품이다. 그런 까닭에 객지에서 바다 건너 고향에서의 추억들을 현재적 시점에서 자신의 감정을 토로한 것이다. 그런 까닭에 고향에 대한 그리움과 현재 자신의 생 앞에 놓인 실존과 정서가 보다 선명하게 나타난다.

「제주행」은 고향을 낯선 곳으로 가는 두려움과 불안의식을 드러낸 작품이다.

> 삶이 물 건너게 하여
> 갑판 위에 섰다
> 칼날 같은 파도가 으르렁대는 뱃전에서
> 여객선처럼 흔들리는 삶을 예감하며
> 나 귀양간다
> 지척을 분간할 수 없는 해무를 헤쳐가는 生
> 불안하고 예측할 수 없는 나의 미래가
> 자꾸 흔들린다
> 현해탄을 끝내 건너오지 못한 나해석이 떠오른다
> 제주해협에서 뒤집힌 수많은 어선들이 떠오른다
> 귀양가는 대역죄인들의 전마선도 떠오른다
> 망망대해,

어디쯤 가고 있는가
겨울 바람은 목에 칼을 겨누고
영하의 추위는 마음을 포박하는데
해무가 잔뜩 내린 제주행 카페리호가
더듬거리며 미명의 바다를 건넌다.

―「제주행」 전문

"삶이 물 건너게 하여/갑판 위에 섰다"는 진술에서 짐작할 수 있듯이 제주도에 가기 위해서는 필연적으로 바다를 건너야 한다. 즉 물 위를 지나야 한다. 이 작품에서 '물 건너는 일'은 현상적인 실재의 물을 건너는 것만을 의미하지 않는다. 주지하다시피 '물'은 '땅'과는 달리 위험하고 불안한 공간이다. 물고기는 물에서 살 수 있지만 사람은 땅 위에서 발을 딛고 살기 때문에 물 위를 지나는 일은 위태위태하고 불안하다. 그러므로 이 작품에서 "삶이 물 건너게 하여"는 어쩔 수 없이 미래를 짐작할 수 없지만 물 위에 서야 하는 장담할 수 없는 자신의 삶을 선택한 화자의 고뇌가 투사되어 있다. 그런 까닭에 "칼날 같은 파도가 으르렁대는 뱃전에서/여객선처럼 흔들리는 삶을 예감하며/나 귀양간다"고 진술할 수밖에 없는 것이다. 이를 단적으로 말해주는 것이 "지척을 분간할 수 없는 해무를 헤쳐가는 生"이다. 바다를 건너가며 "망망대해,/어디쯤 가고 있는가"에서 알 수 있듯이 불안한 미래를 생각하는 것이다. 그러면서 "해무가 잔뜩 내린 제주행 카페리호가/더듬거리며 미명의 바다를 건"너는 것이 고향에서 제주도로 삶의 터전을 옮겨가는 화자의 심정이었던 것이다.

그러나 '정이 들면 고향'이라는 말처럼 제주도도 사람이 사는 곳이어서 이선미 시인은 "몇 년 째 제주에 살다보니/제주 사람이 다 되어가나보다"고 말할 수 있게 된다.

몇 년 째 제주에 살다보니
제주 사람이 다 되어가나보다
잔뜩 흐린 날 한라산이 안 보이면
마음이 불안해 어쩔줄 모르고
육지에 갔다가 돌아오면
제주 사람들이 반갑다
육지에서 며칠을 보내다보면
진분홍빛 유도화 꽃 핀 거리가 궁금하고
눈속에 매달린 노란 감귤과
오종종 쌓인 돌담이 그리워진다
나, 이제 제주에 집 한 채 짓는다
가장 외롭고 쓸쓸할 때
내 마음 송두리째 받아준 제주에
인정이 넘치는 마음의 집을 짓는다.

—「마음의 집」 전문

불안한 마음으로 건너온 제주에 와서 살다보니 "잔뜩 흐린 날 한라산이 안 보이면/마음이 불안해 어쩔줄 모"

른다. 그 동안 섬에 와서 잘 적응한 까닭이다. "육지에 갔다가 돌아오면/제주 사람들이 반갑다"고 하니 바다 건너 제주도에 살러 갈 때의 미래에 대한 어두운 전망이 사라지고 밝은 미래를 바라보는 듯하다. "육지에서 며칠을 보내다보면/진분홍빛 유도화 꽃 핀 거리가 궁금하고/눈속에 매달린 노란 감귤과/오종종 쌓인 돌담이 그리워진다"는 고백에서 짐작할 수 있듯이 제주사람과 제주도의 자연 풍광에 깊이 정이 들었나보다. 마침내 화자는 "나, 이제 제주에 집 한 채 짓는다"고 선언하기에 이른다. 자신감이 넘치는 고백이 아닐 수 없다. 뿐만 아니라 "가장 외롭고 쓸쓸할 때/내 마음 송두리째 받아준 제주에/인정이 넘치는 마음의 집을 짓는다."고 한다. 화자는 육지에서 "가장 외롭고 쓸쓸"한 일이 있었던 것으로 보인다. 그래서 귀양가듯 찾아간 곳이 제주도인데 외롭고 쓸쓸한 마음을 제주도가 송두리째 받아주었으니 "인정이 넘치는 마음의 집을 짓는다"고 하는 것은 그만큼 제주도 사람과 제주도의 자연이 고맙기 때문이다.

이밖에 이선미 시인의 제주시편은 많다. 자신을 위로해주고 받아준 제주도라고 해도 사람이 살아가는 일은 어디서나 '희노애락'이 있기 마련이다. 「바닷가」에서는 삶이 몹시 힘든 날 폭풍 속의 서귀포 앞바다를 바라보면 사나운 자신의 마음을 다잡기도 한다. 「서귀포에서 이중섭을 만나다」에서는 오래 전에 자신이 살고 있는 서귀포에서 어려운 시절을 보냈던 화가 이중섭의 삶을 회상하며 화자 자신의 외롭고 쓸쓸한 마음과 동일화시킨다. 또한 「김영갑 갤럴리에서」는 육지 사람이지만 제주도의 산하를 끔찍이 사랑해 죽어가면서도 제주도의 자연을 사진으로 담다가 죽은 사진가 김영갑의 갤러리에 들러 육지를 떠나 제주도에서 살아가고 있는 시인인 화자와 마음을 나누기도 한다. 「한라산 산꾼」에서는 한라산에 살았다고 하는 산꾼 이야기이다. 사람들 눈에 잘 띄지 않았던 그는 상황버섯을 다 몹쓸병에 걸린 사람들을 살폈다는데, 마음이 아픈 화자가 그를 찾았지만 만날 수 없다. 귀하고 소중한 존재는 쉽게 만날 수 없어서 여전히 그는 산꾼을 그리워한다. 「슬픈 사월에」에서는 육지를 건너갈 때마다 제주도에 수학여행 가다가 끝내 제주도 땅을 밟지 못한 채 세월호와 함께 희생당한 어린 학생들을 생각하며 슬픔에 잠기기도 한다.

4.

이번 시집에서 이선미 시인의 가장 커다란 성과는 자신의 실존에 대한 탐구이다. 이는 그가 시를 통해 모색하고자 하는 목적이 자신의 삶을 보다 나은 세계로 이끌고자 하는 것의 결과이기 때문이다. 어떻게 살 것인가에 대한 시인의 질문과 그 질문에 대한 대답을 구하려는 노력이 고스란히 담겨진 것이 실존에 관한 시편들이다.

하루종일 바쁘게 살다가
바라보니 내가 보이지 않는다
주유소에서 빵빵하게 기름을 넣은 자동차처럼
탐욕의 페달을 밟고 과속질주해 온
눈 멀고 낯선 누군가만 있다
눈동자가 맑은 갈래머리
착한 소녀 보이지 않는다

참 멀리 왔다
뒤돌아보니 먼지 자욱한 길이다
아직도 갈길이 바쁜 나의 엔진은
석탄을 잡아먹은 기차의 화통처럼
숨막히게 뜨겁다

저녁 무렵 산길을 가다가
하늘을 보니 고요한 눈빛들이
나를 응시하고 있다
숲속에서 나뭇잎 팔랑거림 하나 없는
적막이 길을 멈추게 한다

하이에나처럼 사나운 마음,
별빛 아래 숲속에 엎드려
문득 하염없이 울고 싶어진다

참으로 오랜만에
내 안의 고요가 나를 일깨우는 시간이다.
—「가는 길 멈추고」 전문

제목이 말해주듯 "하루종일 바쁘게 살다가/바라보니 내가 보이지 않"음을 발견한다. 자신의 생활을 좇아가다보면 '왜 사는가?'라는 질문을 잊고 스스로 추구하고자 하는 삶에서 일탈하기도 한다. 인생이라는 먼 길을 가다가 가던 길을 멈추고 다시금 '왜 사는가?'에 대해 점검하는 화자의 모습이 보인다. "탐욕의 페달을 밟고 과속질주해 온/눈 멀고 낯선 누군가만 있"음을 발견한 것이다. 어린 시절, 순정한 마음을 지닌 "눈동자가 맑은 갈래머리/착한 소녀 보이지 않"음을 깨달은 화자는 다시 "눈동자 맑은" "착한 소녀"의 모습으로 되돌아 가야겠다고 생각했을 것이다. 그 동안 삶을 살다보니 "참 멀리 왔다" 먼 인생길을 오래 달려온 자신과 "착한 소녀"가 있던 지점으로부터 멀리 일탈해 있는 화자는 "뒤돌아보니 먼지 자욱한" 지금까지 자신이 살고자 했던 것을 잊어버린 것을 확인한다. 이렇듯 숨막히게 일탈해 온 화자는 마치 "석탄을 잡아먹은 기차의 화통처럼/숨막히게 뜨겁다" 이제 마음을 가다듬고 착하게 살아야겠다고, 또는 탐욕스럽지 않게 살아야겠다고 다짐한 맨 처음의 지점을 바라본다. 그런 생각에 이르자 "하늘을 보니 고요한 눈빛들이/나를 응시하고 있”고 “숲속에서 나뭇잎 팔랑거림 하나 없는/적막이”다. 그 동안 화자는 “하이에나처럼 사나운 마음”이었는데 “별빛 아래 숲속에 엎드려/문득 하염없이 울고 싶어진다” 잘못 살아온 자신을 뉘우치고, 잘못 살아온 자신의 모습을 발견한 기쁨의 울음일 것이다. 이러한 시간을 통해 “내 안의 고요가 나를 일깨우는 시간”을 맞는 모습을 통해 화자는 거듭나고 있다.

다음의 「묘비」는 누군가의 생을 증거하는 오래된 비를 통해 인간의 삶에 대해 깊이 사색하고 있다.

산을 오르다가
판독하기 힘든
오래된 비를 본다
숲그늘은 고요하고
하늘은 여전히 무진장 깊은데
한때 지상에서
누군가를 사랑하고 미워했던
무명의 일생이 아득하다

석공들이 애써 몇날며칠
정을 박고 망치를 두드려 새긴
견고한 비문도
비바람과 세월의 혀에 닳아질 것,

그러므로 영원히 생을 증거하지 못할 것이니
덧없는 생이여,
비 그친 대나무처럼 자라는
도시의 수많은 빌딩이여
그것들로 생을 증거하지 못할 것이다

묘비가 마모되는 시간
무덤 속의 뼈가 삭아 풀이 되는 시간,
그보다 짧은 생을 살다가
언젠가 이 숲그늘 아래 풀이 될 것이니
내 무덤에 묘비를 세우지 마라
오늘 스스로 마음 속에
부질없는 비 하나 새기느니.

—「묘비」 전문

화자는 "산을 오르다가/판독하기 힘든/오래된 비를 본다" 묘비는 "숲그늘은 고요하고/하늘은 여전히 무진장 깊은" 그 아래에 묵묵히 시간 속에 서 있다. 시간을 비켜갈 수 없는 묘비는 판독하기 어려울 정도로 풍우에 사라져가고 있는 중이다. 묘비의 주인도 "한때 지상에서/누군가를 사랑하고 미워했던" 사람일 것이다. 그러나 오늘은 그가 누구인지도 알 수 없는 까닭에 그의 일생도 알 수가 없다. 묘비의 주인이 이 세상을 떠나자 "석공들이 애써 몇날며칠" 그의 생을 증거하기 위해 "정을 박고 망치를 두드려" 묘비를 새겼을 것이다. 그러나

"견고한 비문도/비바람과 세월의 혀에 닳아"졌을 것이다. "그러므로 영원히 생을 증거하지 못할 것이"다. 그런 까닭에 인간의 生은 덧없는 것일 뿐이다. 그런데 오늘 도시는 탐욕스럽게, 마치 영원할 것처럼 비온 뒤의 대나무처럼 자라고 있으니 그것을 모르는 사람들이 안타깝다. 탐욕의 결과물로 "생을 증거하지 못할 것이"기 때문이다. 화자는 그것을 안타깝게 생각하며 "무덤 속의 뼈가 삭아 풀이 되는 시간"을 생각한다. 그러므로 "내 무덤에 묘비를 세우지 마라" 하고 탄식하기에 이른다. 헛된 인간의 꿈이 부질없음을 허무의식을 통해 드러내고 있다.

이렇듯 '어떻게 살 것인가?'라는 화두를 가지고 살아가는 화자는 「미운 꽃」에서 잘 웃고 행복해 하는 사람이 되어야 하지만 그렇지 못한 자신을 '미운 꽃'으로 비유하는 시인은 꽃처럼 웃는 삶을 지향하고자 한다. 「시간을 굽는 사람」에서도 시인은 잘못된 삶을 성찰하며 잘 구어진 그릇처럼 "제 생에 알맞은 시간을 구워내"고자 지금은 서툰 도공이지만 열심히 물레질을 배우고 있다고 한다. 「노래」에서도 성공과 출세의 노래에 자꾸 흔들리는 자신의 마음을 다잡으려는 다짐을 보여주고, 「무모한 도전」에서는 두 다리가 없으면서도 마음대로 연장을 만들어내는 대장장이처럼 자신의 생 앞에 놓인 무모함에 도전하겠다는 다짐을 보여주기도 한다.

5.

이선미 시인의 두 번째 시집에서 두드러진 특징은 첫 시집에서는 나타나지 않았던 현실을 비판하고 있는 시편들이다. 시인의 시선은 오늘날 사회문제로 대두된 '사이코패스', '장애인 문제'와 '복면을 쓰고 시위하는 것'을 법으로 재단하겠다는 우리 사회의 본질적인 문제를 이슈화하고 있어 주목된다.

조심하세요
숲 속에 밤새 웅크리며 먹이를 노리는
짐승이 있어요

세상이 내친 늑대,
경쟁에서 밀려난 멧돼지가
불쑥, 옆구리에 비수를 내미는 사이코 패스가
나타날지 몰라요
특히 숲길을 조심하세요
화장실도 위험합니다
길거리도 안전하지 못합니다
어느 누구도 지켜주지 못합니다

실은, 늑대나 하이에나는
처음에는 착한 사람들이었습니다
먹이가 부족하고 따돌림을 당하면서
머리가 돌아버려

날카로운 이빨과 사나운 발톱을 가지게 되었지요
당신도 조심하세요
화장실에 끌려갈 수가 있습니다
경찰과 국가가 보호해 주지 않습니다
짐승이 될 수 있습니다.

—「사이코패스」 전문

최근 여성혐오증을 지닌 남성들로부터 여성이 영문도 모른 채 죽음을 당한 사건이 있었다. 뿐만 아니라 산길을 가다가 남성으로부터 살해된 여성들도 있었다. 여러 가지 이유가 있겠지만 살아가기에는 너무나 척박한 세상이 되어버려 사이코패스들이 생겨난 것은 우리 사회의 시스템에 구조적인 결함이 있기 때문이다. 이러한 문제를 다루고 있는 것이 「사이코패스」이다. 화자는 "조심하세요" 하면서 주의를 준다. "숲 속에 밤새 웅크리며 먹이를 노리는/짐승이 있"다고 한다. 그것은 "세상이 내친 늑대,/경쟁에서 밀려난 멧돼지"이다. 경쟁에서 밀려난 멧돼지가 도시에 자꾸 출몰한다고 한다. 멧돼지처럼 세상이 버린, 경쟁에서 밀려난 사람들은 일종의 사이코패스이다. 이들의 정신은 이미 황폐화되어 정상인이 아니다. 그러므로 위험한 무기 같은 존재가 되어버렸다. 사이코패스는 가해자이면서도 희생자라고 할 수 있다. 그럼에도 불구하고 이들은 위험하다. 그런 까닭에 우리 사회의 안전망은 구멍이 났다고 할 수 있다.

GNP 3만 달러 시대를 살고 있다지만 젊은이들은 취업이 잘 안 되고, 많은 근로자들은 구조조정에서 밀려나거나 계약직을 전전하고 있다. 그러나 우리 사회의 가장 상층부 일부가 엄청난 부를 누리고 있다. 부가 공평하게 분배되지 않고 있다는 증거이다. 경쟁에서 밀려난 사회적 약자들은 분노하여 '하이에나'가 되고 '멧돼지'가 되기도 한다. 그러나 그들도 "처음에는 착한 사람들"이었다. "먹이가 부족하고 따돌림을 당하면서/머리가 돌아버려/날카로운 이빨과 사나운 발톱을 가지게" 된 것이다. 이미 우리 사회는 "경찰과 국가가 보호해 주지 않"는 세상이 되어버린 것이다. 그런 까닭에 화자는 조심하라고 한다. 누구든지 "짐승이 될 수 있"다고 경고하는 것이다.

한편 이선미 시인은 소외된 사회적 약자들의 삶을 위무하기도 한다.

하루종일 방바닥에 누워
천정만 바라보는 것이
유일하게 할 수 있는 일이어서
살 썩는 냄새 나는 방 천정에 붙은
파리를 세는 것이 어쩔 수 없는 즐거움이라는
죽지 못해 살아가던 사람을 기억한다
한때는 집안의 희망이어서 자랑이었던 사람
육신이 무너지고 정신마저 쓰러진 사람

창밖에서 꽃이 피고 계절이 가는지도 몰랐던 사람
그러나 가난때문에 일어서지 못한 사람
무덤이 되어서야 바람소리를 듣고
가끔 새들이 날아와 울어주고 가는
밭 가운데 덩그마니 누워있는
참으로 가엾은 사람
이름을 알지 못하지만
삶과 죽음을 생각할 때마다
불행했던 한 영혼이 떠오른다.

—「어떤 영혼」 전문

화자는 "하루종일 방바닥에 누워/천정만 바라보는" 사람을 기억한다. 그 사람의 방에서는 "살 썩는 냄새"가 나는데 그가 유일하게 할 수 있는 일은 천정에 붙은 "파리를 세는 것"으로 "죽지 못해 살아가던 사람"이다. "한때는 집안의 희망이어서 자랑이었던 사람"이었지만, "육신이 무너지고 정신마저 쓰러진 사람"으로 그가 그렇게 된 것은 "가난" 때문이었다. 결국 그는 "무덤이 되어서야 바람소리를 듣고/가끔 새들이 날아와 울어주고 가는/밭 가운데 덩그마니 누워있는" 무덤이 되었다. 화자는 그가 누구인지는 잘 알지 못하지만 가엾고 불행한 그를 통해 우리 사회의 큰 문제인 빈곤을 생각하며 그의 일생을 위무하는 것이다.

이밖에도 이선미 시인은 「복면을 쓴 나라」에서는 시

위현장에서 복면을 하는 사람들이 늘자 그들을 색출하는데 어려움이 있자 격렬한 시위가 그들 때문이라고 여겨 복면을 금지하겠다고 하고 있다. 시위를 왜 하는지, 우리 사회의 근본적인 모순과 부조리를 척결하지 못한 것에 대해 시인은 질문을 던진다. 「생활정보지」에서도 소외된 가난한 사람들의 문제를 화두로 던지고 있다. "도로가 신문가판대에서/남루한 할머니가 생활정보지를 집어"가는 이유를 밝히고 있는 이 작품은 생활정보지를 폐지로 팔아 생계를 유지하고 있는 저소득층 노인들의 빈곤문제 역시 정의롭지 못한 부의 분배를 지적하고 비판하고 있는 것이다. 「홍어」에서는 지역감정으로 갈등을 겪고 있는 현실을 역설적으로 비판하고 있다. 특히 전라도 사람을 '홍어'로 비아냥거리는 일부 지역감정을 조장하고 있는 세력들을 희화화해 오히려 홍어가 맛있는 음식인 것처럼 홍어로 불리는 전라도 사람들의 미덕을 노래하고 있는 것이 이채롭다.

이선미 시집

칼질하는 여자

2016년 7월 20일 인쇄
2016년 8월 5일 발행

지은이 | 이 선 미
펴낸이 | 강 경 호
인쇄 · 기획 | 도서출판 시와사람
등 록 | 1994년 6월 10일 제 05-01-0155호
주 소 | 광주시 동구 금동 8-1번지
전 화 | (062)224-5319
팩 스 | (062)225-5319
E-mail | jcapoet@hanmail.net

ISBN 978-89-5665-461-4 03810

값 10,000원

* 잘못된 책은 바꾸어 드립니다.